Kinder-

Ein Leben von hohem Wert, missbraucht.

Bibliografische Information der Deutschen Nationalbibliothek
Die Deutsche Nationalbibliothek verzeichnet diese Publikation
in der Deutschen Nationalbibliografie; detaillierte bibliografische
Daten sind im Internet über http://dnb.d-nb.de abrufbar.

Druck und Verlag:
Books on Demand GmbH
Gutenbergring 53
D-22848 Norderstedt

© 2008 bei Werner Novak

1. Auflage

Printed 2008 in Germany

Textlayout: Werner Novak
Umschlaggestaltung: Helge Schröder
Umschlagbild: ©Nicole Held/PIXELIO

ISBN-13: 978-3-8370-7536-6

Gewidmet,
allen Kindern dieser Welt.

Inhalt:

Was bedeuten dir deine Kinder?

„ICH betrachte sie als einen Segen." „Ich als eine Gabe Gottes." „Für mich sind sie eine echte Freude." „Sie sind unser großes Glück." Wie wohltuend ist es, solche Äußerungen von Eltern zu hören! Besonders wenn man bedenkt, dass nicht alle Eltern ihre Kinder als einen Segen empfinden.

Die Frage ist nun: Was bedeuten *dir deine* Kinder? Erfüllst du gern die verschiedenen Aufgaben, die die Elternschaft mit sich bringt? Lässt du deine Kinder spüren, dass du sie liebst und dankbar dafür bist, dass du sie hast? Wann hast du sie das letzte Mal in die Arme genommen und ihnen zu verstehen gegeben, wie viel sie dir bedeuten?
Die Elternschaft ist keine leichte Aufgabe. Kinder großzuziehen ist harte, mühevolle Arbeit, und manchmal erlebt man auch Enttäuschungen. Dennoch kann es außerordentlich beglückend sein. Und das Gute, das erreicht wird, übertrifft die Probleme, mit denen man zu kämpfen hatte, bei weitem. Viele Eltern empfinden so.

Du auch?

Tanja, heute 47 Jahre alt, wurde im Alter von 8 bis 14 Jahren vom eigenem Vater missbraucht.
Im Alter von 16 Jahren entwickelte sich bei ihr eine Essstörung und sie begann sich selbst zu verletzen – bis zum heutigen Tag.
Fünf lange Klinikaufenthalte in der Psychiatrie,
davon zwei mit einem richterlichem
Beschluss.

Sie sagt:
„Ich möchte nie wieder ein Kind sein …!"

Kinder-eine Freude

WER es auch gewesen sein mag, der schrieb,

Kinder bestünden aus „Zucker und Würzen sowie allem Netten", hat etwas von dem Rezept weggelassen.

Die Kinder sind nämlich manchmal auch

streitsüchtig, ungemein neugierig und neigen dazu, verschmitzt und mutwillig zu sein.

Aber wir sind dankbar für die Kleinen, ganz gleich, wie sie veranlagt sein mögen, denn das Zusammensein mit ihnen kann beglückend sein.

Das Zusammensein mit Kindern ist etwas Beglückendes.

Es gibt Augenblicke, in denen ein „Funken" vom Vater zum Sohn überspringt oder von der Mutter zur Tochter, nämlich dann, wenn sie etwas Besonderes gemeinsam tun, was beiden unvergesslich bleibt.

In einem Dorf gab es zum Beispiel ein Haus mit einem Giebel, der alle anderen Häuser überragte und von dem aus man weit über das Meer sah. Im Dach, nahe beim First, befand sich eine Luke, die man nur mit einer Leiter erreichen konnte, die auf dem Speicher stand. Die Kinder spielten oft auf dem Speicher, aber keines von ihnen kletterte je zur Luke hinauf. Ohne Erlaubnis der Eltern hätten sie das nicht tun dürfen.

An einem klaren Tag stieg der Vater auf den Speicher, schaute kurz zur Luke hoch und sagte zu dem Jungen: „Heute muss man von dort oben eine großartige Aussicht haben. Komm, wir wollen doch einmal hinaufsteigen."

Das Herz des Jungen begann vor Erregung wild zu klopfen, aber beim Anblick der hohen Leiter beschlich ihn auch eine leise Furcht. Der Vater untersuchte kurz die Leiter. „Du kannst hochsteigen", sagte er. „Ich steige dicht hinter dir hinauf." Der Vater schob den Luken Deckel beiseite.

> **Den geblendeten Augen des Jungen bot sich ein nie gesehenes Bild.**

Der Vater war schon mehrmals auf dem Dach gewesen, aber er wusste, dass sich sein Sohn sehnlichst wünschte, auch einmal hinaufzusteigen, um die Umgebung von dort aus zu sehen. Vor ihm lag das Meer,

und was für ein Meer!

Gewaltig, scheinbar unendlich, gleißend im strahlenden Sonnenschein. Jahre später sagte der Sohn: „Ich erinnere mich an jenen Augenblick auf dem Dach mit meinem Vater, als wäre es gestern gewesen." Auch der Vater erinnerte sich daran.

> **Das war ein besonderer Augenblick, den sie gemeinsam verbrachten, ein Augenblick, den keiner von beiden je vergaß.**

Solche Erlebnisse lehren uns, dass der Umgang mit Kindern für Kind und Erwachsene beglückend sein kann.

Das Leben der Erwachsenen wird durch die Kinder und das Leben der Kinder wird durch die Erwachsenen bereichert.

Es macht die Kinder glücklich, wenn die Erwachsenen ihnen **Liebe und Verständnis** entgegenbringen. Und es macht die Eltern froh, wenn die Kinder richtig handeln. Das Verhalten der Erwachsenen wirkt sich somit auf die Kinder und das Verhalten der Kinder auf die Erwachsenen aus.

Einzigartig

> **Sobald ein Kind geboren ist, wird man von dem Glücksgefühl durchströmt, Mutter oder Vater geworden zu sein.**

Unbeschreiblich beglückend ist es auch, das eigene Kind zum ersten Mal im Arm zu halten.

Ein junger Vater scheute sich, sein Töchterchen aufzunehmen, aber er redete mit ihm und krabbelte es sanft, um zu sehen, ob es ihn anlächeln würde. Er strahlte über das ganze Gesicht, als ihr kleines Händchen seinen Finger umklammerte.

Du wirst auch getrieben, dich auf den Zehenspitzen ins Schlafzimmer zu stehlen, nur um das kostbare kleine Bündel zu sehen, das in seinem Bettchen ruhig schläft und dir dabei sein zartes Gesichtchen zuwendet. — Du beobachtest, wie das Kind wächst.

Die kleinen Fingerchen, die noch vor kurzem deinen Finger umklammert und dein Gesicht abgetastet haben, reißen jetzt alles mögliche Wertvolle herunter und sind in allem drin. Die molligen kleinen Knie mit den Grübchen und die Beinchen, auf denen das Kind etwas wackelig gestanden hat, werden nun plötzlich schmutzig und zerschunden vom Klettern auf die Bäume und vom Seilspringen.

Statt nur Worte wie „Mami" und „Papi" zu sagen, beginnt es nun, Fragen zu stellen.

Ein Vater gestand, sein erstes Kind habe seine ganze Lebensauffassung verändert. „Wenn ich müde von der Arbeit nach Hause komme und mir mein Junge mit ausgestreckten Armen entgegengelaufen kommt und ruft

‚Papi! Papi!',

dann habe ich das Gefühl, alles habe einen Sinn,

weil das Kind da ist."

Der Vater fügte noch hinzu:

„Manchmal beglückt es mich schon, nur am Tisch zu sitzen und zuzusehen, wie die Kinder essen, und sie erzählen zu hören, was sie im Laufe des Tages erlebt haben.

Das ist auch der Augenblick, in dem man mit ihnen sprechen und sich nach ihrem Wohlergehen und ihrem Betragen erkundigen kann. Und wie freut es einen, zu sehen, dass die Erziehung etwas fruchtet."

Ein anderer Vater erzählte:

„Wie beglückend ist es, Kinder hochzunehmen und zu herzen! Es ist auch ein schönes Gefühl, zu wissen, dass sie einen vermissen, dass sie einen lieben und bei einem sein möchten.

Erst jetzt ist mir die Erkenntnis aufgegangen, welch ein Wunder es eigentlich ist, Kindern zuzusehen, wie sie sich tummeln, wie sie glücklich lachen und unschuldig spielen, völlig blind gegenüber den Sorgen des Lebens."

Kleine Kinder können uns allerdings manchmal auch Kummer bereiten. Eine Mutter sagte: „Manchmal hat man das Gefühl, nichts anderes zu tun, als den Kindern nachzurennen, hinter ihnen her aufzuräumen, alles wieder in Ordnung zu bringen, was sie beschädigt haben, und ihnen scharfe Gegenstände aus der Hand zu nehmen."

Mit den Kindern Kind sein

Die amerikanische Schriftstellerin Lydia H. Sigourney schrieb:

> **„Wir sagen, wir würden unsere Kinder erziehen. Wissen wir, dass unsere Kinder auch uns erziehen?"**

Diese Tatsache mag für viele Erwachsene eine verblüffende Offenbarung sein.

Die Kinder müssen von ihren Eltern lernen, sich zu beherrschen. Aber der Vater dreier Kinder lernte diese schöne Eigenschaft von seinem Sohn.

Eines Abends stritten sich seine drei Kinder. Der Vater wies sie zurecht, indem er ihnen sagte, das schicke sich nicht für Christen. Kurz darauf hatten Vater und Mutter wegen einer Kleinigkeit eine heftige Auseinandersetzung. Der neunjährige Junge unterbrach die beiden, indem er zum Vater sagte:

„Du hast uns gesagt, wir sollten nicht streiten, aber du und Mutti, ihr streitet euch."

Die Augen des Jungen standen voll Tränen.

„Die Worte meines Sohnes versetzten mir einen Stich ins Herz", gestand der Vater. „Er hatte recht. Ich hatte etwas gepredigt, was ich selbst nicht praktizierte. Jetzt achten wir sorgfältig darauf, wie wir miteinander sprechen, und seither sind wir eine viel glücklichere Familie — dank unserer Kinder."

Die Kinder tragen viel dazu bei, dass ihre Eltern jung bleiben.

Ein Ehepaar äußerte darüber folgendes:

„Wir machen die Erfahrung, dass wir körperlich und geistig rege und gegenüber Dingen, die von Interesse sind, aufgeschlossen bleiben.

Die Kinder besuchen mit der Schule verschiedene Parks, zoologische Gärten und Museen oder andere sehenswerte Stätten. Wenn es den Kindern gefallen hat, bestürmen sie uns mit der Bitte, nochmals mit ihnen dahin zu gehen; dadurch wird auch unser Leben viel anregender. Außerdem spielen wir mit unseren Kindern Ball und Seilspringen, wir wälzen uns mit ihnen auf dem Boden, bauen mit ihnen Sandschlösser am Strand, ja wir tanzen und singen mit ihnen; das alles täten wir niemals, würden uns die Kinder nicht dazu anregen."

Wenn Kinder spielen, gehen sie ganz aus sich heraus.

Beim Spielen üben sie ihre geistigen und körperlichen Kräfte.

Erwachsene, die mit ihnen spielen, machen die Erfahrung, dass etwas von der Lebhaftigkeit der Kinder auf sie abfärbt — dass es sie erfrischt.

Wenn man mit Kindern spielen möchte, muss man ein Wesen haben, das den Kindern gefällt, sonst mögen sie sich weigern mitzuspielen.

Den Kindern gefallen Personen, die freundlich, anteilnehmend und lustig sind,

aber zudringlich dürfen sie nicht sein.

Solche Personen sind übrigens auch Erwachsenen unsympathisch.

Mit Kindern zu spielen ist für Erwachsene immer eine geistige Erfrischung.

Kinder sind feinfühlig.

Ob Eltern in einem vertrauten oder gespannten Verhältnis zu ihren Kindern leben oder nicht, mag davon abhängen, ob die Eltern die Gefühle ihrer Kinder verletzen oder mit Takt und Festigkeit darauf reagieren.

Eine Mutter erzählte, ihr Töchterchen sei einmal traurig gewesen, weil es weniger Geschenke erhalten habe als sein Bruder. Darauf habe sie, die Mutter, das Mädchen in die Arme genommen und ihm versichert, dass sie es genauso gern habe wie den Bruder, aber dass sie das mit den Geschenken nicht ändern konnte, das nächste Mal sei es vielleicht umgekehrt. Das Kind gab sich mit der Erklärung zufrieden.

Es umarmte die Mutter und ging mit einem Lächeln auf dem Gesicht weg.

Es musste lediglich die Gewissheit haben, dass die Mutter es immer noch so lieb hatte wie zuvor.

Dieses Bedürfnis des Kindes war für die Mutter etwas Beglückendes.

Ein Vater erzählte:

„Einmal fiel unser Plan, einen Ausflug ins Grüne zu machen, ins Wasser, weil es so sehr regnete. Unser kleiner Sohn weinte jämmerlich. Darauf sprach ich mit ihm unter vier Augen. Ich sagte zu ihm:

‚Ist denn der Papa daran schuld, dass es heute regnet? Bei mir geht auch nicht immer alles nach Wunsch, aber wir müssen lernen, die Dinge so zu nehmen, wie sie kommen.'

Sogleich versiegte bei dem Kleinen der Tränenstrom."

Er brauchte lediglich die Bestätigung, dass er dem Vater nicht gleichgültig war.

„Einmal, als ich krank war und das Bett hüten musste, beglückte es mich tief, zu sehen, wie meine achtjährige Esther zu mir kam und mich fragte, ob ich etwas brauche", erzählte eine Mutter. „Sie kochte mir Tee und brachte ihn mir ans Bett. Sie spülte das Geschirr und besorgte das Haus. Sie tat alles mit einer solchen Würde, dass ich ganz stolz auf sie war."

Zucht?

Die Kinder lernen schnell, dass es sich lohnt, die Eltern zu erpressen, indem sie an ihre Gefühle appellieren.

> **Ein Kleinkind weiß sehr genau, ob es sich die Eltern gefügig machen kann oder nicht.**

Hat es die Erfahrung gemacht, dass ihm das gelingt, wird es das auch immer wieder tun.

Eine große Rolle bei der Erziehung der Kinder spielt die Zucht.

Sie müssen wissen, dass in der Familie jemand da ist, der stärker und klüger ist als sie. Wenn sie gezüchtigt werden, so ist das kein Anlass zur Freude.

> **Aber im tiefsten Innern empfinden sie doch Genugtuung, wenn die Eltern mit ihnen streng verfahren und vernünftig und stark genug sind, die Kinder, denen es an Erfahrung mangelt, vor Torheiten zu bewahren.**

Die Kinder prüfen die Eltern jedoch ständig, um zu sehen, wie viel sie ungestraft tun dürfen oder wie viel ihnen die Eltern durchgehen lassen.

> **Insgeheim hoffen sie, dass die Eltern ihnen nicht allzu viel durchgehen lassen.**

Eltern, die sich beim Kind einschmeicheln wollen, indem sie ihm alles geben, was sein Herz begehrt, und es alles tun lassen, was ihm gefällt, werden es später bereuen.

Wenn das Kind auf die schiefe Bahn kommt, wird es sagen:

„Warum habt ihr mich alles machen lassen? Was für Eltern seid ihr?"

Solche Kinder machen den Eltern Vorwürfe, weil sie sie nicht richtig in Zucht genommen haben. Nehmen Eltern ihre Kinder **liebevoll** **in Zucht**, dann wirkt sich das in der Regel günstig aus.

Es heißt, man vermisse das Wasser erst wenn der Brunnen trocken sei.

Das gilt ganz besonders von den Kindern.

Wenn sie das Elternhaus verlassen, wird es still im Haus, und es wird nicht mehr so viel gelacht.

Die Kinder sind sich kaum bewusst, wie sehr die Eltern an ihnen hängen. Obschon die Eltern wissen, dass die Kinder, wenn sie erwachsen sind, ihr eigenes Leben leben, fällt es ihnen dann doch schwer, mit der Leere fertig zu werden, die die Kinder im Haus zurücklassen. Die Kinder können diese Leere jedoch bis zu einem gewissen Grad ausfüllen, wenn sie von Zeit zu Zeit die Eltern wieder besuchen, sei es um ihren Rat einzuholen, sei es einfach, um sie wiederzusehen.

Ihr Kinder, vergesst nicht, eure Eltern von Zeit zu Zeit zu besuchen, denn dadurch bereitet ihr ihnen eine große Freude.

Kinder sind es wert, erwünscht zu sein und geliebt zu werden.

„Gib einem Kind ein wenig Liebe, und es wird dich mit Liebe überschütten." Das schrieb im 19. Jahrhundert der englische Autor und Kritiker John Ruskin. Wahrscheinlich werden die meisten Eltern bestätigen, dass es sich lohnt, seine Kinder zu lieben, und zwar nicht einfach deshalb, weil sie Liebe mit Liebe erwidern, sondern

— viel wichtiger —

weil sich diese Liebe so positiv auf die Kinder auswirkt.

Beispielsweise wird in dem Buch *Love and Its Place in Nature* festgestellt, Kinder seien ohne Liebe „eher gefährdet zu sterben".

Und der namhafte britisch stämmige Anthropologe Ashley Montagu sagte sogar:

„Das Kind, das nicht geliebt worden ist, unterscheidet sich biochemisch, physiologisch und psychologisch sehr von dem Kind, das geliebt worden ist. Es entwickelt sich auch anders."

In der Zeitung *The Toronto Star* wurde über eine Untersuchung berichtet, bei der man zu ähnlichen Ergebnissen gelangte. Es hieß:

„Kinder, die aufwachsen, ohne regelmäßig umarmt, liebkost und gestreichelt zu werden . . ., haben eine abnorm hohe Konzentration an Stresshormonen."

Als kleines Kind diese körperliche Zuwendung entbehren zu müssen kann langfristig sogar **„höchst nachteilige Folgen für das Lernvermögen und das Gedächtnis haben"**.

Diese Forschungsergebnisse machen deutlich, **wie wichtig die physische Anwesenheit der Eltern ist.** Wie soll sonst eine enge

Bindung zwischen Eltern und Kind entstehen? Bedauerlicherweise neigt man jedoch selbst in Teilen der Welt, wo es den Menschen gutgeht, heutzutage dazu, die Bedürfnisse eines Kindes unabhängig von seinen Eltern zu stillen.

> **Die Kinder werden zur Schule weggeschickt, zur Kirche weggeschickt, zur Arbeit weggeschickt, ins Sommerferienlager weggeschickt, und man gibt ihnen Geld und schickt sie weg zu Freizeiteinrichtungen.**

Gleichsam aus dem Kern der Familie heraus auf eine entfernte Umlaufbahn befördert und umgeben von einer feindlichen Welt der Erwachsenen, fühlen sich naturgemäß schließlich Millionen Kinder

— und sei es nur unbewusst —

vernachlässigt, unerwünscht und ungeliebt.

Dieses unter Kindern vorherrschende Empfinden könnte einer der Gründe sein, warum es in Berlin schätzungsweise **3 500**
Straßenkinder gibt.

Ein typisches Beispiel ist Sascha, der sagte: „Keiner wollte mich mehr haben."

Ein zehnjähriger Junge in Deutschland klagte ähnlich:

„Ich wär' lieber der Hund bei uns."

Formen der Misshandlung

Kinder zu vernachlässigen ist eine Form der Misshandlung, die einen Mangel an 'natürlicher Zuneigung' verrät. Das kann zu noch übleren Formen der Misshandlung führen. Zum Beispiel ist seit dem Internationalen Jahr des Kindes 1979 mehr Aufmerksamkeit auf das Problem der körperlichen Misshandlung und des sexuellen Missbrauchs von Kindern gelenkt worden. Genaue Zahlen sind freilich schwer zu ermitteln, und Statistiken weichen von Ort zu Ort voneinander ab.

Doch gibt es keinen Zweifel, dass die Schäden, die sexuell missbrauchte Kinder mit ins Erwachsenenalter hinübernehmen, nur sehr schwer zu beheben sind.

Ganz gleich, in welcher Form Kinder misshandelt werden, wird ihnen dadurch vermittelt, dass sie ungeliebt und unerwünscht sind.

Und dieses Problem scheint immer schlimmer zu werden.

Die Zeitung *Die Welt* schrieb:

„Immer mehr Kinder wachsen als soziale Krüppel heran."

Unter Berufung auf Gerd Romeike, Leiter einer Hamburger Erziehungsberatungsstelle, hieß es darin weiter:

„Den Kindern fehlt die Nestwärme. In vielen Familien, so Romeike, würden die emotionalen Bindungen zwischen Kindern und Eltern abnehmen oder erst gar nicht aufgebaut. Die Kinder fühlen sich vernachlässigt, **ihr Wunsch nach Geborgenheit geht ins Leere.**"

Kinder, denen das Recht verwehrt wird, sich erwünscht und geliebt zu fühlen, werden womöglich verbittert und lassen ihre

Frustrationen an denen aus, die sie vernachlässigt haben, oder gar an der Gesellschaft allgemein. Schon vor mindestens zehn Jahren wurde im Bericht einer kanadischen Arbeitsgruppe darauf hingewiesen, es müsse dringend etwas unternommen werden, wolle man nicht eine ganze Generation verlieren, die „glaubt, der Gesellschaft völlig gleichgültig zu sein".

Um den Problemen zu entfliehen, sind ungeliebte und unerwünschte Jugendliche versucht, von zu Hause wegzulaufen, mit dem Ergebnis, dass sie in Städten voller Kriminalität, Drogen und Unsittlichkeit in nur noch größere Probleme geraten.

Tatsächlich lebten schon vor über 20 Jahren im Gebiet einer einzigen amerikanischen Großstadt nach Schätzungen der Polizei rund 20 000 Jugendliche Ausreißer unter 16 Jahren.

Sie wurden beschrieben als „Produkt zerrütteter Familien und der Brutalität oftmals Alkohol- oder Drogensüchtiger Eltern.

Sie flüchten sich auf die Straße, verkaufen ihren Körper, um zu überleben, und leben dann, von Zuhältern verprügelt und jeglicher Selbstachtung beraubt, in Furcht vor Repressalien, falls sie versuchen sollten, dem kriminellen Milieu zu entkommen."

Leider existieren diese Missstände weiterhin trotz aufrichtiger Bemühungen, sie zu beseitigen.

Aus Kindern, die unter Bedingungen wie den oben beschriebenen aufwachsen, werden labile Erwachsene, die später häufig nicht in der Lage sind, eigene Kinder richtig aufzuziehen. Sie machen aus ihnen dann das, was sie selbst einst waren: Kinder, die sich unerwünscht und ungeliebt fühlen.

Ein deutscher Politiker brachte die Problematik mit den Worten auf den Punkt:

„Kinder ohne Liebe werden zu Erwachsenen voller Hass."

Natürlich geben sich Millionen Eltern jede erdenkliche Mühe, ihre Kinder wissen zu lassen, dass sie erwünscht sind und geliebt werden. Sie sagen ihnen das nicht nur, sondern beweisen es auch, indem sie den Kindern die liebevolle Fürsorge und Zuwendung schenken, die jedem Kind zusteht.

Dennoch bestehen viele Probleme weiter — Probleme, die zu lösen einzelne Eltern völlig außerstande sind.

Beispielsweise bringen es die wirtschaftlichen und politischen Systeme der Menschen in manchen Teilen der Welt nicht fertig, Kinder ausreichend medizinisch zu versorgen, sie hinlänglich auszubilden, sie ausreichend zu ernähren und sie vor der

Geißel der Kinderarbeit und vor erbärmlichen Lebensumständen zu bewahren.

Noch dazu werden solche Verhältnisse nur allzu oft von habgierigen, korrupten, selbstsüchtigen und rücksichtslosen Erwachsenen verschlimmert.

Kofi Annan, Generalsekretär der Vereinten Nationen, nannte einige der Hauptprobleme, denen Kinder heute gegenüberstehen, als er schrieb:

„Millionen von Kindern müssen weiterhin die furchtbare Entwürdigung der Armut ertragen; Hunderttausende leiden an den Auswirkungen von Konflikten und wirtschaftlichem Chaos;

Zehntausende werden in Kriegen verstümmelt; und viele mehr werden zu Waisen oder sterben an Aids."

Doch gibt es auch gute Nachrichten.

UN-Einrichtungen wie das Kinderhilfswerk UNICEF und die Weltgesundheitsorganisation haben große Anstrengungen unternommen, das Los von Kindern zu verbessern.

Annan bemerkte:

„Mehr Kinder werden gesund geboren und erhalten Schutzimpfungen; mehr Kinder können lesen und schreiben; mehr Kinder haben die Freiheit zu lernen, zu spielen und einfach als Kinder zu leben, als das noch vor einem Jahrzehnt denkbar schien."

Dennoch ist dies, wie er warnend schrieb, „nicht die Zeit, sich auf erreichten Erfolgen auszuruhen".

Besondere Zuwendung

Manche Kinder verdienen besondere Zuwendung.

Anfang der 1960er Jahre wurde die Welt erschüttert von Berichten aus mehr als einem Dutzend Ländern über sogenannte Contergankinder. Das Beruhigungs- und Schlafmittel mit dem Wirkstoff Thalidomid führte bei schwangeren Frauen zu der unerwarteten Nebenwirkung, dass sie Kinder zur Welt brachten, deren Gliedmaßen fehlten oder stark missgebildet waren. An Stelle von Armen und Beinen hatten viele von ihnen gerade einmal einen flossenartigen Fortsatz.

> **Vierzig Jahre später sind Landminen die Hauptursache für Verstümmelungen an Kindern.**

Einige schätzen, dass weltweit **60 Millionen bis 110 Millionen scharfe Minen vergraben liegen.**

Jedes Jahr werden dadurch rund 26 000 Personen getötet oder verstümmelt — **darunter viele Kinder.**

Seit 1997, als Jody Williams für die Internationale Kampagne für das Verbot von Landminen der Friedensnobelpreis verliehen wurde, findet dieses Problem große Beachtung.

Doch Minenfelder gibt es nach wie vor.

Ein deutscher Politiker sagte über die Bemühungen, die Welt von Landminen zu befreien:

„Das ist, als versuchte man, eine Badewanne mit dem Teelöffel zu leeren, während der Wasserhahn noch läuft.“

Der Bedürfnisse von Kindern, die gar keine Eltern mehr haben, versuchen sich Waisenhäuser und Adoptionsvermittlungen anzunehmen.

Trauriger weise werden aber ausgerechnet die **benachteiligten Kinder**, die am dringendsten auf eine Adoption angewiesen wären, **am häufigsten übergangen:**

kranke, lernbehinderte, körperbehinderte und ausländische Kinder.

Man hat Organisationen ins Leben gerufen, die Einzelpersonen auffordern, regelmäßig einen bestimmten Geldbetrag zu spenden und dadurch eine Patenschaft für ein Kind in einem ärmeren Land zu übernehmen.

Das gespendete Geld wird für die Ausbildung des Kindes verwendet oder dafür, es mit dem Lebensnotwendigen zu versorgen. Sofern gewünscht, können Bilder und Briefe ausgetauscht werden, um das persönliche Verhältnis zu vertiefen. Dieses Vorgehen ist zwar hilfreich, kann aber keine ideale Lösung sein.

Sehr interessant ist ein weiteres Beispiel für Bemühungen, Kindern ohne Eltern zu helfen — eine Bewegung, die 1999 ihr 50jähriges Bestehen feierte.

SOS-Kinderdorf

Im Jahr 1949 gründete Hermann Gmeiner in Imst (Österreich) das erste von ihm so genannte SOS-Kinderdorf. Aus diesem kleinen Anfang entstand eine Organisation von fast 1 500 Dörfern und vergleichbaren Einrichtungen in 131 Ländern Afrikas, Amerikas, Asiens und Europas.

Gmeiners Konzept stützte sich auf **vier Grundpfeiler:**

Mutter, Geschwister, Haus und Dorf.

> **Eine „Mutter" ist der Kern einer „Familie" von fünf oder   sechs, manchmal auch mehr Kindern.**

Sie lebt mit ihnen zusammen und **versucht,** ihnen die Liebe und Zuwendung zu erweisen, die von einer echten Mutter zu erwarten ist.

Die Kinder bleiben in derselben „Familie" und mit derselben „Mutter" zusammen, bis für die einzelnen die Zeit gekommen ist, das „Haus" zu verlassen.

Zu einer „Familie" gehören Kinder unterschiedlichen Alters. Da die Kinder ältere und jüngere „Geschwister" haben, lernen sie, füreinander zu sorgen, was sie davor bewahrt, ichbezogen zu werden. Man bemüht sich, die Kinder so früh wie irgend möglich in eine „Familie" zu integrieren. Leibliche Geschwister bleiben immer zusammen in der gleichen „Familie".

Die SOS-Kinderdörfer setzen sich jeweils aus etwa 15 „Familien" zusammen, von denen jede in einem eigenen Haus wohnt.

Alle Kinder werden dazu erzogen, ihrer „Mutter" bei der nötigen Hausarbeit zu helfen. Auch wenn ein Vater fehlt, ist für eine männliche Bezugsperson gesorgt, die Rat gibt und nötige Erziehungsmaßnahmen ergreift.

Die Kinder besuchen örtliche Schulen. Jede „Familie" erhält monatlich eine feste finanzielle Zuwendung zur Deckung der Kosten. Nahrung und Kleidung werden am Ort erworben. Den Kindern soll auf diese Weise ein typisches Familienleben ermöglicht werden mit all seinen Problemen und Freuden, damit sie, soweit irgend möglich, ein normales Leben führen können.

Dadurch werden sie darauf vorbereitet, später als Erwachsene selbst eine Familie zu gründen.

Adoptionsvermittlungen, Waisenhäuser, SOS-Kinderdörfer, UNICEF und dergleichen mehr Einrichtungen oder Gruppen dienen einem guten Zweck, wenn sie versuchen, benachteiligten Kindern Hilfe zu bieten.

Wirtschaftsgut-Kind

„Kinder, die mittlerweile in den Produktionsprozess eingegliedert worden sind, betrachtet man eher als Wirtschaftsgüter und nicht als Zukunftsträger der Gesellschaft" (Chira Hongladarom, Leiter des Instituts für Humanvermögen, Thailand).

DIE Puppe, die wir unserer Tochter kaufen möchten, wurde womöglich von Kindern in Südostasien hergestellt. Der Fußball, mit dem unser Sohn spielt, könnte von einer Dreijährigen zusammengenäht worden sein, die gemeinsam mit ihrer Mutter und ihren vier Schwestern arbeitet und nur eine Mark am Tag verdient. Der Teppich, den wir in einem Geschäft bewundern, wurde vielleicht von den flinken Fingern sechsjähriger Jungen geknüpft, die Tag für Tag unter katastrophalen Bedingungen einen langen Arbeitstag ableisten.

Welche Ausmaße nimmt die Kinderarbeit an? Was richtet sie bei den Kindern an? Wie lässt sich der Situation abhelfen?

Nach Einschätzung der Internationalen Arbeitsorganisation (IAO) liegt in den Entwicklungsländern die Zahl der arbeitenden Kinder zwischen fünf und vierzehn Jahren bei etwa **250 Millionen.**

Man geht davon aus, dass 61 Prozent auf Asien entfallen, 32 Prozent auf Afrika und 7 Prozent auf Lateinamerika. Kinderarbeit existiert allerdings auch in Industrieländern.

In Südeuropa geht eine große Anzahl Kinder einer Erwerbstätigkeit nach, vor allem als Saisonarbeiter in der Landwirtschaft oder in kleinen Werkstätten.

Durch den Wechsel vom Kommunismus zum Kapitalismus hat in letzter Zeit auch in Mittel- und Osteuropa die Kinderarbeit zugenommen.

In den Vereinigten Staaten liegt die offizielle Zahl der arbeitenden Kinder bei 5,5 Millionen, wobei allerdings nicht die vielen Kinder unter zwölf Jahren mitgezählt sind, die illegal in Ausbeutungsbetrieben beschäftigt sind oder als Saison- oder Wanderarbeiter auf großen Farmen eingesetzt werden.

Wie geraten diese Millionen von Kindern in die Arbeitswelt?

Ursachen :

Ausnutzung der Armut.

„Die stärkste Kraft, die Kinder in gefährliche und ausbeuterische Arbeitsverhältnisse treibt,

ist Armut",

heißt es in der Publikation *Zur Situation der Kinder in der Welt 1997.* „Für arme Familien kann der bescheidene Verdienst eines

Kindes den Unterschied zwischen Hunger und Auskommen bedeuten."

Die Eltern arbeitender Kinder sind oft arbeitslos oder unterbeschäftigt.

Sie suchen verzweifelt nach einem festen Einkommen.

Warum wird dann statt ihnen ihren Kindern Arbeit angeboten? Kinder werden geringer bezahlt. Kinder sind leichter beherrschbar: Meistens tun sie, was man ihnen sagt, und selten zweifeln sie die Autorität von Erwachsenen an. Kinder werden sich wahrscheinlich nicht gegen Unterdrückung organisieren. Und sie schlagen bei körperlicher Misshandlung nicht zurück.

Bildungsmisere.

Der elfjährige Sudhir in Indien ist eins von Millionen Kindern, die den Schulbesuch abgebrochen und zu arbeiten angefangen haben. Weshalb? „In der Schule haben uns die Lehrer nicht gut unterrichtet", erzählte er. „Wenn wir sie baten, uns das Alphabet beizubringen, haben sie uns geschlagen. Sie haben während der Unterrichtszeit geschlafen. ... Wenn wir die Lehrer nicht verstanden haben, haben sie uns nichts erklärt." Sudhirs Beurteilung der Schule ist tragischer weise korrekt. In Entwicklungsländern leidet besonders die Bildung unter den Kürzungen von Sozialleistungen. Eine UN-Untersuchung von 1994, die 14 der am wenigsten entwickelten Länder der Welt erfasste, förderte einige interessante Fakten zutage. So haben in der Hälfte dieser Länder die Klassenräume für die Erstklässler nur für 4 von 10 Schülern Sitzplätze. Die Hälfte der Schüler hat keine Schulbücher, und in der Hälfte der Klassenzimmer gibt es keine Wandtafel. Kein Wunder, dass viele Kinder, die solche Schulen besuchen, über kurz oder lang arbeiten gehen!

Traditionelle Erwartungen.

Je gefährlicher und schwerer eine Arbeit ist, um so eher wird sie Angehörigen ethnischer Minderheiten und unterer Klassen, Unterprivilegierten und Armen überlassen.

Über ein asiatisches Land sagte das Kinderhilfswerk der Vereinten Nationen:

„Die Ansicht [ist] verbreitet, dass einige Menschen zum Herrschen und zur Kopfarbeit bestimmt sind, während die anderen, die überwiegende Mehrheit, zu körperlicher Arbeit geboren sind." Im Westen ist die Einstellung nicht immer viel besser. Die meisten wollen zwar nicht, dass ihre eigenen Kinder gefährliche Arbeiten verrichten, sie machen sich aber kein Gewissen daraus, wenn Jugendliche aus rassischen, ethnischen oder wirtschaftlich schlecht gestellten Minderheiten dies tun. In Nordeuropa etwa sind arbeitende Kinder meist afrikanischer oder türkischer Herkunft. In den Vereinigten Staaten sind es asiatische oder lateinamerikanische Kinder. Das Problem der Kinderarbeit wird durch die heutige konsumorientierte moderne Gesellschaft noch verschlimmert. Die Nachfrage nach Billigprodukten ist groß. Anscheinend machen sich nur wenig Menschen Gedanken darüber, dass ein Großteil dieser Produkte von Millionen anonymen, ausgebeuteten Kindern hergestellt wird.

Formen von Kinderarbeit

Welche Erscheinungsformen hat Kinderarbeit? Grob gesagt, sind die meisten arbeitenden Kinder als *Hausangestellte* beschäftigt. Sie „finden normalerweise am wenigsten öffentliche Beachtung". Arbeit in privaten Haushalten ist nicht immer, aber leider sehr oft gefährlich.

Kinder, die als Hausangestellte arbeiten, werden in der Regel extrem schlecht oder überhaupt nicht entlohnt.

Ihre Arbeitsbedingungen liegen allein im Ermessen des Arbeitgebers. Zuneigung, Schulbesuch, Spielen und soziale Kontakte bleiben ihnen versagt.

Darüber hinaus werden sie nicht selten körperlich misshandelt und sexuell missbraucht.

Das Los anderer Kinder ist *Zwangsarbeit und Schuldknechtschaft*.

In Südasien und anderen Regionen verpfänden Eltern ihre oft erst acht- oder neunjährigen Kinder gegen geringfügige Darlehen an Fabrikbesitzer oder deren Agenten.

Diese Kinder verbleiben oft in lebenslanger Abhängigkeit von ihrem Dienstherrn, ohne dass die Schulden jemals niedriger werden.

Wie steht es mit der *kommerziellen sexuellen Ausbeutung* von Kindern?

> **Schätzungen zufolge werden weltweit jedes Jahr mindestens eine Million Mädchen zur Prostitution verleitet.**

Auch Jungen werden häufig sexuell ausgebeutet. Der zugefügte körperliche und emotionale Schaden — von einer HIV-Infektion ganz zu schweigen — macht diese Art der Misshandlung **zu einer der gefährlichsten Formen von Kinderarbeit.**

> **„Von der Gesellschaft werden wir wie Aussätzige behandelt",**
> **sagte eine fünfzehnjährige Prostituierte aus Senegal. „Niemand**
> **will uns kennen oder mit uns gesehen werden."**

Ein hoher Prozentsatz arbeitender Kinder wird in der *Industrie* und in der *Landwirtschaft* ausgebeutet. Sie verrichten Arbeiten im Bergbau, die man für Erwachsene als zu gefährlich einstufen würde.

Viele leiden an Tuberkulose, Bronchitis oder Asthma. Kinder, die auf Plantagen arbeiten, sind Pestiziden, Schlangenbissen und Insektenstichen ausgesetzt.

Einige haben sich beim Schneiden von Zuckerrohr mit Macheten Gliedmaßen abgetrennt.

Für Millionen weiterer Kinder ist die *Straße* der Arbeitsplatz.

Die zehnjährige Shireen beispielsweise arbeitet als Abfallsammlerin. Eine Schule hat sie nie besucht. Aber sie weiß, wie man sich durchschlägt. Wenn sie Altpapier und Plastiktüten im Wert von 30 bis 50 Cent verkauft, kann sie zu Mittag essen. Verdient sie weniger, muss sie ohne Essen auskommen.

Straßenkinder, die oft wegen Vernachlässigung oder Misshandlung von zu Hause weggelaufen sind, werden auf der Straße weiter misshandelt und ausgebeutet. „Ich bete jeden Tag darum, dass ich nicht in schlechte Hände gerate", sagt die zehnjährige Josie, die auf den Durchgangsstraßen einer asiatischen Stadt Süßigkeiten verkauft.

Alles *ruiniert*

Als Folge von Kinderarbeit sind Zig millionen Kinder ernsten Gefahren ausgesetzt. Das kann an der Natur der Arbeit liegen oder an miserablen Arbeitsbedingungen.

Kinder und junge Arbeiter überhaupt sind eher für schwere Arbeitsunfälle anfällig als Erwachsene.

Ein Grund dafür ist, dass Kinder einen anderen Körperbau haben. Ihre Wirbelsäule oder ihr Becken kann sich sehr leicht durch schwere Arbeit deformieren.

Ferner reagieren Kinder empfindlicher auf gefährliche chemische Substanzen oder auf Strahlung als Erwachsene.

Der kindliche Körper ist außerdem nicht dazu geschaffen, stundenlang angestrengt und monoton zu arbeiten, was aber allzu oft das Los der Kinder ist.

Meist sind sie sich nicht der Gefahren bewusst und wissen auch nicht richtig über die Vorsichtsmaßnahmen Bescheid, die sie ergreifen sollten.

Die Auswirkungen von Kinderarbeit auf die psychische, emotionale und intellektuelle Entwicklung sind ebenfalls gravierend.

Diese Kinder erhalten keine Zuneigung.

Schläge, Beleidigungen, Bestrafung durch Essenentzug und sexueller Missbrauch sind an der Tagesordnung.

Einer Studie zufolge hat fast die Hälfte der annähernd 250 Millionen arbeitenden Kinder den Schulbesuch abgebrochen. Davon abgesehen hat man festgestellt, dass Kinder, die stundenlang arbeiten, in ihrer Lernkapazität beeinträchtigt sind.

Worauf läuft all das hinaus?

Die meisten arbeitenden Kinder sind zu einem Leben in Armut und Elend, zu Krankheit, Analphabetismus und mangelnder Sozialisierung verurteilt.

Oder um es mit den Worten der Journalistin Robin Wright zu sagen:

„Bei all ihrem wissenschaftlichen und technischen Fortschritt bringt die Welt am Ende des 20. Jahrhunderts Millionen von Kindern hervor, die kaum Hoffnung auf ein normales Leben haben und erst recht nicht in der Lage sind, die Welt ins 21. Jahrhundert zu führen."

Diese ernüchternden Gedanken lassen die Fragen aufkommen:

Wie sollten Kinder behandelt werden? Ist für das Problem ausbeuterischer Kinderarbeit eine Lösung in Sicht?

Was ist Kinderarbeit?

IN ALLEN Gesellschaften arbeiten die meisten Kinder auf die eine oder andere Weise.

Die Arten der Arbeit sind von Kultur zu Kultur und von Epoche zu Epoche unterschiedlich. Arbeit kann ein wichtiger Teil der Erziehung sein sowie eine Möglichkeit, wertvolle Fertigkeiten von Generation zu Generation weiterzugeben. In manchen Ländern helfen Kinder öfter in Werkstätten oder Dienstleistungsbetrieben aus, wodurch sie ganz allmählich mit der Arbeitswelt vertraut gemacht werden. In anderen Ländern arbeiten Teenager ein paar Stunden in der Woche, um sich ein Taschengeld zu verdienen. Das Kinderhilfswerk der Vereinten Nationen sagt dazu:
„Arbeit kann für die körperliche, seelische, geistige, moralische oder soziale Entwicklung eines Kindes gut und förderlich sein, wenn sie Schulbildung, Erholung und Ruhezeiten nicht beeinträchtigt."

> **Kinderarbeit dagegen bezieht sich auf stundenlanges Arbeiten — oft unter gesundheitsschädlichen Bedingungen — für einen niedrigen Lohn.**

Solche Arbeit ist „zerstörerisch oder ausbeuterisch", heißt es in der Publikation *Zur Situation der Kinder in der Welt 1997*.

„Das extremste Negativbeispiel stellt zweifelsohne die Ausbeutung von Kindern als Prostituierte dar.

Auch Schuldknechtschaft, durch die Kinder in sklavenartige Abhängigkeitsverhältnisse gezwungen werden, um die Schulden ihrer Eltern oder Großeltern zurückzuzahlen, ist durch nichts zu rechtfertigen. Ebenso ist Kinderarbeit in Industriezweigen, die für ihre Gesundheits- und Sicherheitsrisiken berüchtigt sind, ... zu verurteilen."

DIE Internationale Arbeitsorganisation (IAO) treibt Bemühungen voran, die schlimmsten Formen von Kinderarbeit abzuschaffen.

Die IAO drängt Regierungen, per Gesetzgebung ein Mindestalter von fünfzehn Jahren vorzuschreiben. Außerdem wirkt sie auf neue Konventionen hin, die Kinderarbeit unter zwölf Jahren und die gefährlichsten Formen der Ausbeutung verbieten. *Erwachet!* sprach mit Sonia Rosen, Leiterin des Internationalen Programms zur Beseitigung der Kinderarbeit am US-Ministerium für Arbeit, um mehr über den Erfolg solcher Bemühungen zu erfahren. Sie hat bei vielen IAO-Programmen intensiv mitgewirkt. Hier ein Auszug aus dem Gespräch:

F: Wie lässt sich Kinderarbeit am effektivsten bekämpfen?

A: Eine Patentlösung haben wir nicht. Doch auf internationaler Ebene handelt es sich bei den Fragen, die wir diskutiert haben, um die entscheidenden Punkte, nämlich einen adäquaten Gesetzesvollzug, verbunden mit einer umfassenden Grundschulbildung, die vorgeschrieben und kostenlos sein sollte. Angemessene Arbeit für die Eltern ist natürlich auch unerlässlich.

F: Sind Sie mit den Fortschritten zufrieden, die bislang bei der Bekämpfung von Kinderarbeit erzielt wurden?

A: Zufrieden bin ich nie. Unserer Meinung nach ist jedes Kind, das unter ausbeuterischen Bedingungen arbeitet, ein Kind zu viel. Durch die Programme der IAO sind wir ein ganzes Stück weitergekommen. Aber es gibt noch viel zu tun.

F: Wie reagiert die internationale Gemeinschaft auf Bemühungen, die Kinderarbeit zu beseitigen?

A: Ich weiß schon gar nicht mehr, wie ich diese Frage beantworten soll. Rund um die Welt besteht bis zu einem gewissen Grad Konsens darüber, dass Kinderarbeit ein Problem ist, das angegangen werden muss. Ich denke, zum jetzigen Zeitpunkt lauten die wesentlichen Fragen: Wie? Und wie schnell? Welche Mittel können wir am besten einsetzen, um bestimmte Arten von Kinderarbeit zu bekämpfen? Das ist meiner Ansicht nach unsere eigentliche Herausforderung.

F: Womit können Kinderarbeiter als nächstes rechnen?

A: Dieses Jahr werden alle Staaten der Welt erneut in Genf zusammentreffen, um eine neue Konvention über die schlimmsten Formen von Kinderarbeit zu verabschieden. Das klingt tatsächlich ungeheuer vielversprechend — alle Staaten und dann noch die Gewerkschaften und Arbeitgeberverbände. Wir hoffen, dass dadurch neue Rahmenbedingungen geschaffen werden, um die allerschlimmsten Formen von Kinderarbeit auszumerzen.

Nicht alle teilen Sonia Rosens Optimismus. Charles MacCormack, Präsident der Hilfsorganisation Save the Children (Rettet die Kinder), hat Bedenken. „Es fehlt am politischen Willen und am öffentlichen Bewusstsein", sagt er. Wieso? Das Kinderhilfswerk der Vereinten Nationen erklärt dazu: „Kinderarbeit [ist] ein komplexes Problem. Einflussreiche Kräfte leisten der wirtschaftlichen Ausbeutung von Kindern Vorschub. Darunter viele Arbeitgeber, Interessenverbände und Wirtschaftsexperten, die den freien Markt um jeden Preis fordern, oder Traditionalisten, die glauben, dass bestimmte Kinder allein wegen ihrer Kasten- oder Klassenzugehörigkeit keine Rechte haben."

Kindesmissbrauch

FÜR die junge Mutter war ein Alptraum Wirklichkeit geworden.

Als ihre vierjährige Tochter über Bauchschmerzen klagte, ging sie mit ihr zum Arzt. Nachdem er sie gründlich untersucht hatte, sagte er der Mutter in ernstem Ton, ihr kleines Mädchen sei sexuell missbraucht worden. Es sei vergewaltigt worden.

Die Mutter benachrichtigte die New Yorker Polizei, die dann schnell herausfand, dass es in einer Kindertagesstätte in Bronx (New York) zu dem Missbrauch gekommen war.

Nachforschungen in dieser Tagesstätte brachten entsetzliche Geschehnisse ans Licht. Erst gab ein Kind, dann ein weiteres und dann ein drittes Kind zu, ebenfalls missbraucht worden zu sein. Schließlich sagten mindestens 30 Kinder aus, dass sie in derselben Tagesstätte sexuell missbraucht worden waren. Eines von ihnen war mit Tripper infiziert worden. Dann enthüllten Berichte, dass in weiteren Tagesstätten Kinder belästigt worden waren. Letztlich mussten allein im Stadtgebiet von New York sieben Kindertagesstätten einer Prüfung unterzogen werden.

Da jeder neue Fall publik gemacht wurde, wurde mit der Zeit auch aus anderen Teilen der USA über den Missbrauch von Kindern berichtet. Der Skandal weitete sich aus. Die Eltern fragten sich: „Was hat das zu bedeuten?" Eine berechtigte Frage! Hatte man einige Fälle von Kindesmissbrauch nur hochgespielt? Oder war eine weitverbreitete Sache erst jetzt ans Tageslicht gekommen?

Tatsache ist, dass es den sexuellen Missbrauch von Kindern schon lange gibt und dass er heute weit verbreitet ist.

Der Leiter der New Yorker Polizeiberatungsstelle für Vergewaltigungen berichtete 1983 von einer dramatischen Zunahme der Zahl von Kindern in zartem Alter, die das Opfer von Vergewaltigungen, Inzest und anderen Formen sexuellen Missbrauchs geworden sind. Dr. David Finkelhor, der an einem Programm der Universität von New Hampshire zur Erforschung der Ursachen von Gewalt in der Familie mitarbeitet, führte über dieses Thema eine großangelegte Studie durch.

Neun Prozent der von ihm interviewten Eltern sagten, eines ihrer Kinder sei sexuell missbraucht worden.

Fünfzehn Prozent der befragten Frauen und sechs Prozent der befragten Männer waren als Kinder selbst sexuell missbraucht worden.

Genaue Statistiken sind schwer zu erhalten. Gemäß Aufzeichnungen einer US-Behörde, die sich mit dem Missbrauch und der Misshandlung von Kindern befasst, gab es in den Vereinigten Staaten in einem Jahr

55 399 Fälle sexuell missbrauchter Kinder.

Dabei handelte es sich aber <u>nur</u> um inzestuösen oder blutschänderischen Missbrauch.

Würde man den Missbrauch durch Freunde, Nachbarn, Lehrer — wie auch durch Fremde — mit einbeziehen, stiege die Zahl beträchtlich an.

Nur die Spitze des Eisberges

Ein Bericht in der Zeitschrift *Ladies Home Journal* enthielt folgende Schätzung: „Sexueller Missbrauch von Mädchen ist viermal häufiger als die Vergewaltigung erwachsener Frauen.

Durchschnittlich wird eines von vier Mädchen im Alter von 5 bis 13 Jahren von Erwachsenen in irgendeiner Form sexuell missbraucht — entweder durch Exhibitionismus, unangebrachte Streicheleien, Vergewaltigung oder Inzest. Obwohl Mädchen die häufigsten Opfer sind, sind doch auch 20 bis 25 Prozent aller Betroffenen Jungen."

Ärzte sind überzeugt, dass ein solcher Missbrauch Spätfolgen hat.

Daher fragen sich Eltern:

„Sind auch unsere Kinder gefährdet? Was können wir tun, um sie zu schützen? Wer würde den Versuch unternehmen, unseren Kindern etwas anzutun?"

Täter-wer sind sie?

DIE meisten Eltern würden diese Frage nicht richtig beantworten.

Beim Gedanken an sexuellen Missbrauch stellt man sich meist einen unheimlichen Fremden vor, der sich entweder vor Kindern entblößt oder sie in ein Auto oder in ein Wäldchen lockt. Ferner ist es publik geworden, dass Gruppen darauf aus sind, Kinder wegzulocken, um sie zu Zwecken der Kinderpornographie oder Kinderprostitution auszubeuten. So etwas geschieht natürlich,

doch der typische Sexualtäter, der sich an Kinder heranmacht, gehört einem ganz anderen Personenkreis an. Wer verübt denn gewöhnlich Sexualdelikte an Kindern?

Sue wurde von einem Mann missbraucht, der eine kirchliche Gruppe leitete. Er stand einem Jugendklub vor, und alle hielten ihn für sehr freundlich. Doch Sue und andere Mädchen wurden von ihm sexuell missbraucht. Ein anderes junges Mädchen schrieb an die Ratgeber Spalte einer Zeitung, dass ihr Lieblingsonkel versucht habe, sie auf seinen Schoß zu ziehen und sie auf unschickliche Weise zu streicheln.

Ein Mann erinnert sich daran, dass er als Junge ständig von dem erwachsenen Sohn eines guten Freundes der Familie missbraucht wurde.

Ein 11jähriger Junge wurde von seiner Tante belästigt, bei der er wohnte.

Eine Frau aus New York berichtet, dass sie im Alter von sieben Jahren von ihrem Großvater missbraucht worden sei.

Ein 15jähriger Junge wurde von seinem Arzt bei einer medizinischen Untersuchung missbraucht.

Für Pam war es noch schlimmer. Über viele Jahre missbrauchte sie ihr eigener Vater.

Und Mary wurde von zweien ihrer älteren Brüder und einem älteren Cousin sexuell belästigt.

Genauer gesagt, gehen vermutlich weniger als ein Drittel der sexuellen Belästigungen von Kindern auf das Konto von Fremden.

In der Regel ist der Täter dem Opfer nicht unbekannt.

Der Sittlichkeitsverbrecher ist oft ein Verwandter. Daher werden Kinder in den meisten Fällen von Personen missbraucht, die sie kennen und denen sie vertrauen, **wodurch es viel schwieriger wird, die Kinder zu schützen.**

Eltern unterliegen oft einem weiteren Irrtum.

Sie stellen sich vor, der Missbrauch sei mit Gewaltakten verbunden, wobei das Kind kämpfen und um Gnade schreien würde.

Das muss überhaupt nicht so sein, zumindest nicht zu Beginn.

> **Anfänglich kann der sexuelle Missbrauch durch Kontakt beim Spielen oder durch Liebkosungen getarnt sein, und dann kann er sich weiterentwickeln.**

Es ist sehr wahrscheinlich, dass der Sexualtäter das Kind überreden und bedrängen wird, indem er die Autorität nutzt, die er als ältere Person besitzt.

Eltern können sich sicher noch an ihre Kindheit erinnern, als ihnen eingetrichtert wurde, Erwachsenen zu gehorchen, und zwar selbst dann, wenn diese etwas sagen würden, was ihnen nicht gefiele, wie zum Beispiel, sie sollten früh zu Bett gehen oder das Gemüse aufessen. Sittlichkeitsverbrecher machen sich diese Erziehung zunutze.

Ein überführter Sittlichkeitsverbrecher erklärte:

„Zeigt mir ein gehorsames Kind, und ich zeige euch ein leichtes Opfer."

Ein kleines Mädchen erhielt obszöne Telefonanrufe. Als es gefragt wurde, warum es denn den Hörer nicht aufgelegt habe, erwiderte es, es habe gedacht, dies sei unhöflich, solange jemand noch spreche.

Eine Frau im Alter von 30 Jahren erinnert sich daran, dass ihr Großvater sich an sie heranmachte, als sie fünf Jahre alt war.

Er sagte zu ihr:

„Brave Mädchen tun das für Opa und sagen der Mutti nichts."

Wie viele Fünfjährige könnten wohl eine solche Täuschung durchschauen?

Und können sich Erwachsene nicht daran erinnern, wie sehr es ihnen als Kindern gefiel, wenn ihnen jemand etwas schenkte oder etwas spendierte?

Sittlichkeitsverbrecher nutzen diese Neigung der Kinder aus, um sich an sie heranzumachen.

Eltern könnten sich fragen, wie ihr Kind reagieren würde, wenn z. B. der Hausmeister der Schule zu ihm sagen würde: „Komm nach dem Unterricht zu mir in mein Büro. Ich möchte dir gern etwas Taschengeld geben."

Oder was wäre, wenn der Babysitter sagen würde: „Wenn du für mich etwas Bestimmtes tust, darfst du länger aufbleiben und fernsehen."?

Gelegentlich nutzen Sexualtäter **die Vorliebe der Kinder** für Geheimnisse aus. War es für uns, als wir jung waren, nicht etwas Aufregendes, ein Geheimnis zu haben?

Ein kleines Mädchen hütete ein Geheimnis, das sie ihren Eltern nicht verriet. Doch eines Tages beobachteten die Eltern bei ihr ein frühreifes sexuelles Verhalten.

Als sie ihre kleine Tochter fragten, wo sie so etwas gelernt habe, erwiderte sie: „Das ist ein Geheimnis."

Ihr Vater erklärte ihr, dass manche Dinge nicht geheim gehalten werden sollten, woraufhin das kleine Mädchen das Geheimnis preisgab. Ein 40jähriger Mann, der selbst Kinder hatte und mit der Familie eng verwandt war, hatte sie zu Boden gedrückt und sich sexuell an ihr vergangen.

Schließlich mögen die Täter auch zu Drohungen greifen —

raffinierten Drohungen,

die auf das Sicherheitsgefühl des Kindes abzielen.

Eine Frau erzählte, sie sei als Kind von ihrem Stiefvater missbraucht worden.

Sie erklärte, er habe damit begonnen, als sie sechs Jahre alt gewesen sei, und er habe das vier Jahre lang getan.

Warum erzählte sie ihrer Mutter nichts davon? „Er sagte mir, die Polizei würde ihn abholen und meine Mutter verlöre ihre Anstellung, wenn ich jemals irgend jemandem etwas davon erzählen würde. Unsere ganze Familie müsste dann hungern und alles wäre nur meine Schuld."

Die Autorin Gail Sheehy spricht mehrere dieser Punkte an, indem sie folgendes bemerkt: „Wir vergessen, wie allmächtig uns Erwachsene erschienen, als wir selbst Kinder waren." Sie fügt hinzu:

„Für Eltern oder einen Babysitter ist es sehr einfach, sexuelle Handlungen durch normale Vorgänge wie Baden und Körperpflege zu tarnen.

Das Kind merkt nur dann, dass etwas verkehrt ist, wenn es zur Geheimhaltung aufgefordert wird:

‚Erzähl deiner Mutti nichts von dem, was wir getan haben' — und zur Einschüchterung genügt eine einzige Drohung —, ‚sonst hat sie dich nicht mehr lieb.'

Welches Kind wäre in der Lage, sich gegen diese Art psychologischer Erpressung zur Wehr zu setzen?

EINE junge Frau, die als Mädchen von ihrem Bruder und ihrem Schwager belästigt wurde, sagt:

„Ich war verängstigt, deshalb erzählte ich niemandem etwas. Aus diesem Grund möchte ich gern alle Eltern auf folgendes aufmerksam machen: ‚Bitte sagen Sie Ihren Kindern, dass sie niemandem, ob Verwandten oder Fremden, gestatten sollten, sie in irgendeiner unangebrachten Weise zu berühren, und dass sie keine Angst haben sollten, es zu erzählen, falls das jemand versucht hat.' " Sie fügt hinzu: „Das kann jedem Kind jederzeit passieren!"

In dieser entarteten Welt müssen Eltern zum Schutz ihrer Kinder vor sexueller Misshandlung entschiedene Schritte unternehmen. Es ist nicht vernünftig, die Dinge dem Zufall zu überlassen und zu hoffen, es werde schon nichts passieren.

Die erste Schutzmaßnahme besteht darin,

Situationen zu meiden, in denen Kinder dieser Gefahr ausgesetzt sind.

Eltern wird zum Beispiel geraten, Vorsicht walten zu lassen, wenn sie ihre Kinder von einem jungen Erwachsenen beaufsichtigen lassen, der lieber mit Kindern als mit gleichaltrigen Personen Umgang hat.

> **Ein Psychologie Dozent berichtet, dass zwei Drittel der Sexualtäter, die er behandelt, sich dieses Delikts beim Kinderhüten schuldig gemacht haben.**

Dr. Suzanne M. Sgroi nennt zwei weitere Situationen, die zu Problemen geführt haben: die Unterbringung von Kindern (in Betten oder Zimmern) mit Erwachsenen oder Teenagern und große Familientreffen, bei denen sich die Erwachsenen mit sich selbst beschäftigen und einfach voraussetzen, die älteren Kinder würden sich der jüngeren annehmen.

Es ist nicht zu leugnen, dass Sexualtäter um so weniger Gelegenheit haben, sich an Kinder heranzumachen, je mehr die Eltern diese beaufsichtigen.

Ann, eine Mutter von drei Kindern, geht so weit, dass sie ihrem Jüngsten, einem 14jährigen Jungen, nicht erlaubt, allein in Geschäftsvierteln bummeln zu gehen oder öffentliche Toiletten aufzusuchen. Der Junge hält das vielleicht für eine sehr große Einschränkung, aber seine Mutter hat ihre Gründe dafür.

Sie ist als Kind sexuell belästigt worden.

Eltern sind jedoch nicht immer in der Lage, ihre Kinder so streng zu beaufsichtigen. Berufstätigen Ehepaaren bleibt eventuell gar nichts anderes übrig, als ihre Kinder in den Kindergarten zu schicken, sie bei Verwandten zu lassen oder sich einen Babysitter zu nehmen. Kinder müssen zur Schule gehen, und die Eltern können nicht immer bei ihnen sein. Verwandte und Freunde kommen zu Besuch. Und dann sind da noch die Nachbarn.

Wie können Eltern ihre Kinder schützen, wenn sie Gefahren von dieser Seite ausgeliefert sind? In Wirklichkeit gibt es nur eine Möglichkeit:

Mit den Kindern über die Gefahr sprechen

Die Psychologin Debrah Shulman sagt: „Es ist unvernünftig, vor den Kindern so zu tun, als ob diese Gefahren nicht bestünden. Kinder wissen, dass sie sich allein nicht schützen können, und sind naturgemäß um ihre Sicherheit besorgt. Es ist Sache der Eltern, ihnen beizubringen, wie man der Gefahr realistisch begegnet. Wenn man mit den Kindern offen und deutlich darüber spricht, wird sie das nicht in Angst versetzen, sondern beruhigen." Ja, Eltern müssen mit ihnen darüber sprechen.

Das ist leichter gesagt als getan, insbesondere deshalb, weil die größte Gefahr von Freunden und Verwandten ausgeht. Vielleicht haben Eltern ihre Kinder bereits vor dem „fremden Onkel" gewarnt, der sie in einen Park locken oder sie in seinem Auto mitnehmen möchte. Wie können sie ihre Kleinen aber ausrüsten, damit sie nicht gegenüber Personen wehrlos sind, die sie kennen, respektieren oder sogar lieben?

Schärfe ihr Empfinden

Ann, die Mutter, die bereits erwähnt wurde, berichtet, dass sie erst fünf Jahre alt war, als ein Verwandter sie sexuell belästigte. Wenn sie auch nicht wusste, wie sie sich gegen ihn wehren sollte, so war ihr doch bewusst, dass er etwas Verkehrtes tat. Hinzu kam, dass sie unglücklicherweise nicht mit ihren Eltern darüber reden konnte. In bezug auf den Gedankenaustausch zwischen ihr und ihren Eltern stand es nicht gerade zum besten.

Anns Erfahrung zeigt, dass Kinder im allgemeinen ein natürliches Empfinden für das haben, was angebracht und richtig ist. Es gilt, dieses Empfinden zu schärfen, indem man sie dazu anhält, sich darauf zu verlassen, selbst wenn ein Erwachsener ihnen etwas anderes sagt. Ein einfaches und entschiedenes **„Nein, ich möchte**

das nicht!" reicht oft aus, um einen Belästiger abzuschrecken. Was Ann erlebt hat, zeigt auch, wie wichtig es ist, den Gedankenaustausch zwischen Eltern und Kindern aufrechtzuerhalten.

Kürzlich unterhielt sich ein Familienvater mit seiner Frau über das Problem des sexuellen Missbrauchs von Kindern.

Da sie sich Sorgen machten, fragten sie ihre Tochter, ob sie je belästigt worden sei.

Zu ihrem Entsetzen bejahte das Kind die Frage.

Ein langjähriger vertrauter Freund der Familie hatte dies mehrmals getan. Warum hatte das Kind vorher nichts gesagt, obwohl der Gedankenaustausch innerhalb der Familie vorzüglich war? Weil das Mädchen einfach nicht wusste, wie es sich ausdrücken sollte. Nachdem das Thema einmal angeschnitten worden war, war das Kind nur zu bereit, darüber zu sprechen.

Wie sollen wir es ihnen sagen?

Zunächst muss das Thema zur Sprache gebracht werden. Ein Vorschlag wäre, dass Eltern einen aktuellen Bericht über einen solchen Skandal als eine Gelegenheit nutzen könnten, ihre Kinder zu fragen: „Hat mit euch auch schon einmal jemand so etwas gemacht?" Danach könnten sie ihnen erklären, was sie tun sollten, wenn es einer bei ihnen versuchen würde.

> **Und Eltern sollten sich auf jeden Fall davon überzeugen, dass ihre Kinder verstanden haben, dass sie mit ihnen über einen derartigen Vorfall sprechen sollten und dass Vater und Mutter ihnen dann nicht böse sein werden.**

Mary wurde als kleines Mädchen belästigt; deshalb war sie sehr darauf bedacht, ihre drei Töchter vor sexuellem Missbrauch zu schützen.

Wie ging sie dabei vor?

Sobald die Kinder alt genug waren, um die Sache zu verstehen, sagte sie zu ihnen:

„Wenn euch irgend jemand an einer falschen Stelle anfasst, dann sagt es mir, und ich werde auch nicht mit euch schimpfen."

Woher sollten sie wissen, wo die falschen Stellen sind?

Mary sagte, dass sie sie ihnen zeigte, als sie ungefähr drei Jahre alt waren.

Wenn sie sie badete oder zum Schlafengehen zurechtmachte, machte sie sie auf die Teile ihres Körpers aufmerksam, die andere nicht anfassen sollten.

Als die Kinder etwas älter waren, ging sie mehr auf Einzelheiten ein:

„Niemand sollte dich hier berühren, nicht einmal ein Lehrer oder ein Polizist. Nicht einmal Mutti oder Vati sollte dich dort streicheln. Und ein Arzt sollte dich dort nur dann anfassen, wenn Mutti oder Vati dabei ist."

Hat das gewirkt?

Mary erinnert sich an eine Begebenheit, als ein Verwandter mit ihrer sechsjährigen Tochter spielte.

Was der Verwandte tat, ließ bei dem kleinen Mädchen ein unangenehmes Gefühl aufkommen.

Wie reagierte sie?

Sie ging einfach von ihm weg.

Mary ist sich nicht sicher, ob der Verwandte böse Absichten hatte oder nicht. Aber sie freut sich darüber, dass ihre Tochter imstande war, sich aus dieser Situation zu befreien, nachdem sie bemerkt hatte, dass irgendetwas „nicht in Ordnung" oder „anders" war.

Folglich sollten Eltern ihren Kindern sagen, wie man sexuellen Belästigungen aus dem Wege geht, genauso wie sie sie davor warnen, mit Fremden mitzugehen, an einer vielbefahrenen Straße zu spielen oder elektrische Leitungen anzufassen.

Sie sollten ihnen erklären, welche Grenzen in bezug auf ihren Körper andere — **selbst die Eltern** — nicht überschreiten dürfen.

Sie sollten ihnen deutlich sagen, dass sie davon unterrichtet werden möchten, wenn irgendetwas *tatsächlich* geschieht, und dass sie darüber nicht ungehalten sein werden.

Gelegentlich nutzen Erwachsene ihre größere Erfahrung und Intelligenz, um Kinder dazu zu verleiten, mit ihnen unanständige Dinge zu tun, und die Kinder sind ohne Hilfe nicht in der Lage, festzustellen, dass sie verführt werden.

Linda Tschirhart Sanford, Autorin des Buches *The Silent Children,* schlägt eine vorbeugende Maßnahme vor:

das **„Was-wäre-wenn-Spiel".**

Von Zeit zu Zeit sollte man die Kinder fragen, wie sie in gewissen Situationen handeln würden:

„Was wäre, wenn der Babysitter sagen würde, dass du lange aufbleiben und fernsehen dürftest, wenn du mit ihm in die Badewanne gingest, um dort zu spielen?

Was würdest du ihm sagen?"

„Was wäre, wenn ein älterer Spielkamerad dich in einer Weise berühren würde, die dir nicht gefällt, oder dich ausziehen und mit dir ein geheimes Spiel spielen möchte?"

Wenn Eltern das Kind lehren, wie es antworten soll, können sie ihm zeigen, dass es Situationen gibt, in denen es nicht auf einen Erwachsenen zu hören braucht, oder in denen es ein Geheimnis offenbaren muss.

Erzieht man sein Kind dazu, zu sagen „Ich möchte erst meine Mutti fragen", so wird es meist in der Lage sein, eventuelle Belästiger zu entmutigen. Wenn das Kind in dem **„Was-wäre-wenn-Spiel"** lernt, die richtigen Antworten zu geben, ist es gut ausgerüstet, sich zu schützen. Falls es einmal falsch antwortet, stellt man die Frage noch einmal und fragt nach einer anderen Antwort.

Ein weiteres Problem, dem Kinder gegenüberstehen, wenn sie belästigt werden, wird durch folgende Begebenheit offenbar:

Eine Frau berichtet, dass sie als Kind missbraucht wurde und den Vorfall ihrer Mutter erzählen wollte. Aber sie wusste nicht, wie sie sich ausdrücken sollte, und konnte nicht erklären, was geschehen war. Ihre Mutter dachte, jemand habe nur versucht, lieb zu ihr zu sein, und das kleine Mädchen habe die Situation missverstanden und falsch eingeschätzt.

> Aufgrund ähnlicher Erfahrungen raten Sozialarbeiter den Eltern, ihre Kinder mit den richtigen Bezeichnungen für die entsprechenden Körperteile vertraut zu machen. Man sollte Kindern diesen Wortschatz vermitteln, damit sie sich im Ernstfall auszudrücken vermögen.

Für Eltern ist der Gedanke, dass ihr Kind sexuell missbraucht werden könnte, einer der schlimmsten Alpträume.

Sie sollten jedoch auch daran denken, dass Erwachsene in der Regel Kinder nicht sexuell belästigen wollen. **In den meisten Fällen trifft es zu, dass Verwandte die Kinder lieben und genauso wie die Eltern darum besorgt sind, sie vor Missbrauch zu schützen.**

Allerdings kann es *doch* passieren. **Und einfach nur zu hoffen, es werde schon alles gutgehen, ist nicht genug. Wenn Eltern es soweit wie möglich vermeiden, ihre Kinder Situationen auszusetzen, in denen sie ungeschützt sind, und sie ihnen die Grenzen erklären, die selbst Erwachsene nicht überschreiten sollten, ja wenn sie sie lehren, wie sie reagieren sollten, falls irgendein Erwachsener doch über diese Grenzen hinausgeht, dann haben sie bereits viel getan, um ihre Kinder vor Belästigungen zu schützen.**

Vergewaltigung im eigenen Heim

Die neue Moral zeitigt ihre Früchte

Jetzt soll sogar Inzest anerkannt werden

„JEDES Kind hat das Recht auf liebevolle Beziehungen, auch sexueller Art, zu Eltern und Geschwistern oder zu anderen verantwortungsvollen Erwachsenen und Kindern." Dies ist Artikel 7 der „Sexuellen Rechte des Kindes", ausgearbeitet von dem Leiter des Childhood Sexuality Circle.

Die ganze Zeit über hat Inzest, das geheime Verbrechen, ungeduldig hinter den Kulissen gewartet, aber jetzt drängt er vor, um seine Rolle im Rampenlicht zu spielen.

In den USA werden jedes Jahr 5 000 neue Fälle gemeldet, und wie Experten meinen, liegt die Dunkelziffer zehn bis zwanzigmal höher. Der Leiter einer Inzestberatungsstelle sagte: „Ich glaube, dass Inzest überall in Amerika verbreitet ist." Ein Jugendfürsorger sagte, dass Inzest „häufiger vorkommt als Vergewaltigung und noch weniger angezeigt wird".

Einige schätzen,

dass 25 Millionen aller heute lebenden Amerikanerinnen in ihrer Kindheit sexuell missbraucht worden sind.

Wie aus Berichten hervorgeht, sind auch andere Länder von dem gleichen wachsenden Problem betroffen.

Gemäß einer Quelle ist Inzest „so häufig, dass ein Verbot absurd wäre".

Eine eigenartige Logik: Wenn das Verbrechen so weit verbreitet ist, warum es dann bekämpfen?

Die eben zitierte eigenartige Meinung wird verständlich, wenn man weiß, woher sie stammt. Sie ist eines der vielen Argumente, die die Pro-Inzest-Lobby vorbringt. Die Zeitschrift *Psychology Today* berichtete in ihrer Ausgabe vom März 1980 über einige Behauptungen der Inzest-Lobby, zum Beispiel:

„Einige Inzesterlebnisse scheinen positiv und sogar nützlich zu sein." „Inzest mag in einigen Fällen entweder ein positives, wohltuendes oder schlimmstenfalls ein neutrales und langweiliges Erlebnis sein." „Die Angst davor, Inzest zu begehen, hat eine nachteilige Wirkung auf die Äußerung liebevoller Gefühle in der Familie."

Der Verfasser des Artikels in *Psychology Today* stimmt mit den Argumenten der Inzestbefürworter nicht überein. Er schreibt:

„Ein Kind sehnt sich genauso danach, um seiner selbst willen geliebt zu werden — um dessentwillen, was es ist, statt um dessentwillen, was es geben oder werden kann —, wie es ein Verlangen nach physischer Nahrung hat. Aber wenige Kinder können von Anfang an unterscheiden, ob sie um ihrer selbst willen geliebt werden oder ob sie von einem Älteren missbraucht werden . . ., der nur seine sexuellen Begierden befriedigen will."

Die Zeitschrift *Time* veröffentlichte in ihrer Ausgabe vom 7. September 1981 ebenfalls Propaganda von Inzestbefürwortern, und zwar in einem Artikel mit der Überschrift „Intimbeziehungen von der Wiege bis zur Bahre":

„Schon kleine Kinder sollten die Erlaubnis haben und vielleicht sogar ermutigt werden, ein volles Geschlechtsleben zu führen, ohne von den Eltern oder vom Gesetz daran gehindert zu werden." „Menschen brauchen genauso wie die anderen Primaten früh in ihrem Leben eine Zeit, in der sie sich spielerisch auf sexuellem Gebiet versuchen können." „Kinder sind in Wirklichkeit eine benachteiligte Minderheit. Sie sollten das Recht haben, sich in sexueller Hinsicht zu äußern, was bedeutet, dass sie mit Leuten, die älter sind als sie, Kontakt haben mögen oder nicht." „Solche sexuellen Betätigungen sind für das Kind unschädlich." „Inzest kann manchmal etwas Nützliches sein."

Der *Time*-Artikel schließt mit einigen Äußerungen von Psychiatern ab.

Einer sagte:

„**Vorzeitiges Sexualverhalten unter Kindern in unserer Gesellschaftsordnung führt fast immer zu psychologischen Schwierigkeiten.**" **Ein anderer, der viel mit Kindern zu tun hat, kam zu dem Schluss: „Sexuelle Betätigung in der Kindheit ist wie das Spiel mit einem geladenen Revolver."**

Das populäre Schlagwort

„**Tu das, was *du* willst**" ist ebenfalls mit einem geladenen Revolver zu vergleichen.

Der Zuhälter tut das, was *er* will, aber es ist nicht im Interesse seiner „Baby-Pros".

Der Päderast tut das, was *er* will, aber es ist nicht im Interesse seines jungen Opfers.

Ein Vater oder eine Mutter, die Inzest verübt, mag das tun, was *er* oder *sie* will, aber es ist wohl kaum im Interesse des Kindes.

Ein Kind hat das Recht darauf, ein Kind zu sein, in seiner Kindheit geborgen zu sein und von verheirateten Eltern geliebt zu werden.

Liebe heißt an den *anderen* denken; wer nur das tut, was *er* will, denkt ausschließlich an sich selbst.

Inzest ist wahrscheinlich die **selbstsüchtigste** und verwerflichste Form der Kindesmisshandlung. Es ist eine schreckliche Ausnutzung des Vertrauens und der Abhängigkeit des Kindes. Der engste Beschützer des Kindes wird zu seinem Feind. Und das Kind ist ein geschädigtes Opfer. „Mir ist nicht bewusst, dass ich schon je mit einem Inzestopfer gesprochen hätte, das glücklich, ausgeglichen und unbesorgt gewesen wäre", sagte Dr. Suzanne Sgroi, ehemalige Vorsitzende eines Programms zur Behandlung sexuell Geschädigter.

Dr. Judianne Densen-Gerber, Direktorin des New Yorker Odyssey-Instituts, sagte: „In meiner eigenen Praxis fällt es mir unvorstellbar schwer, die Kinder zu behandeln, die an den Folgeerscheinungen des Inzests leiden. Das ist viel schwerer, als Kinder zu behandeln, die geschlagen, misshandelt, mit Feuer versengt und ausgepeitscht wurden, weil diese Kinder wenigstens das, was mit ihnen geschieht, nicht mit Liebe verwechseln. Der Vater oder die Mutter, die ein Kind sexuell missbraucht und ihm gleichzeitig sagt: ‚Ich liebe dich', zieht ein Kind auf, das sich fürchten wird, in seinem späteren Leben zu jemandem ein Verhältnis aufzubauen, jemandem zu vertrauen oder sich an jemanden zu binden. Es wird nicht einmal ein Verhältnis zu seinem Therapeuten aufbauen, weil es im Gegensatz zu dem geschlagenen Kind Zuneigung nicht sucht, sondern fürchtet und extrem isoliert dasteht."

In dem Buch *The Death of Innocence* lesen wir auf Seite 129: „92 Prozent aller Prostituierten sind in ihrer Kindheit sexuell belästigt worden; 67 Prozent von ihnen hatten Inzesterlebnisse. . . .

Mindestens 75 Prozent aller Ausreißer — im landesweiten Durchschnitt — laufen vor sexuellem Missbrauch davon. Die gleichen Zahlen treffen auch auf jugendliche Drogenabhängige zu: Etwa 70 Prozent von ihnen sind Inzestopfer."

Opfer pädophiler Priester treten an die Öffentlichkeit

GEMÄSS der Zeitschrift *U.S.News & World Report* wurden „in den letzten 10 Jahren etwa

400 katholische Priester

wegen sexuellen Missbrauchs von Kindern

bei kirchlichen und staatlichen Behörden gemeldet".

Vor kurzem trafen sich Betroffene aus dem ganzen Land in Chicago (Illinois). Viele von ihnen sprachen offen darüber, wie sie von pädophilen Priestern missbraucht wurden.

Der *NCR (National Catholic Reporter)* schreibt jedoch, dass die Redner während des Treffens wiederholt einen weiteren Gedanken anklingen ließen:

„Der erste Missbrauch ist sexueller Natur;

der zweite, schmerzvollere ist psychologischer Natur."

> Zu dem zweiten Missbrauch kommt es, wenn die Kirche die Opfer nicht anhören will, ihre Anschuldigungen nicht ernst nimmt und die einzige Reaktion darin besteht, die beschuldigten Priester in Schutz zu nehmen.

„Ob es nun berechtigt war oder nicht, sie stellten die katholische Geistlichkeit als eine irregeleitete Gruppe mit verderblichem Einfluss dar, **die unbedingt ihre Privilegien und ihre Macht erhalten will**, anstatt auf die Bedürfnisse der Laien einzugehen", heißt es weiter.

Mehrere Redner zogen beunruhigende Vergleiche mit der Reformation im 16. Jahrhundert, die zu einer tiefen Spaltung innerhalb der Kirche führte.

Richard Sipe zufolge, einem früheren Priester und heutigen Psychotherapeuten und Experten auf dem Gebiet sexuellen Missbrauchs durch katholische Geistliche, verrät das Leugnen der Institution Kirche,

„dass sie genau weiß, in welcher verzweifelten Lage sie steckt".

Er fügte hinzu:

„Die Kirche war seit langem über die sexuelle Betätigung ihrer Priester gut informiert.

Sie hat gern darüber hinweggesehen, sich tolerant gezeigt, ihre Priester gedeckt und einfach gelogen, was das breite sexuelle Betätigungsfeld ihrer Priester angeht."

Daher überrascht es nicht, dass viele Opfer gegen die Kirche klagen. Der *NCR* zitiert einen Anwalt, der sich auf solche Fälle spezialisiert hat; er sagte,

es gäbe in allen 188 Diözesen der Vereinigten Staaten Gerichtsverfahren,

in denen es um pädophile Priester gehe.

Außergerichtliche Vergleiche würden die Kirche pro Verfahren bis zu 300 000 Dollar kosten. In der *U.S.News & World Report* war zu lesen, dass die Kirche für solche Klagen bisher schon

400 Millionen Dollar aufbringen musste,

ein Betrag, der bis zum Jahr 2000

auf 1 Milliarde Dollar ansteigen könnte.

Und die kanadische Presse berichtete kürzlich, dass etwa 2 000 Personen, die als Kinder in 22 kirchlichen Waisenhäusern und Nervenheilanstalten in Quebec von Geistlichen missbraucht wurden, gegen sechs religiöse Orden auf 1,4 Milliarden kanadische Dollar Schadenersatz klagen.

Interessanterweise bemerkte der zuvor erwähnte Anwalt, der 150 Opfer pädophiler Priester in 23 Bundesstaaten vertritt, er habe bisher noch keinen Klienten gehabt, der unbedingt vor Gericht gehen wollte. Jeder habe zunächst versucht,

„in der pastoralen Umgebung der Kirche"
Gerechtigkeit zu finden.

Der *NCR* kommt zu dem Schluss:

„Anscheinend ist ein Prozess erst der letzte Ausweg für Betroffene."

Alptraum – Kindheit

Heute, an einem ganz normalen Tag, im Jahre 2007, kämpfen 300 000 Kinder in Guerillakriegen, besuchen 100 Millionen Kinder im schulpflichtigen Alter keine Schule, gehen 250 Millionen Kinder mit knurrendem Magen zu Bett, schlafen 50 Millionen Kinder auf der Straße, und 70 000 Kinder sterben.

DIESE Zahlen schockieren uns wahrscheinlich;

der Anblick der Kinder, die hinter diesen Zahlen stehen, würde uns jedoch das Herz brechen.

Im Folgenden wird mit knappen Worten das Leben von fünf Kindern geschildert, deren verzweifelte Lage uns eine Vorstellung davon vermittelt, was die bestürzenden Statistiken uns in Wirklichkeit mitteilen.

***Kindersoldaten* Mohammad ist erst 13 Jahre alt,**

doch er ist bereits ein erfahrener Soldat in Südwestasien, ein nach sieben Kämpfen kampferprobter Junge. Bevor er im Alter von 10 Jahren in den Krieg zog, hütete er Ziegen. Jetzt handhabt er ein leichtes AK-47-Sturmgewehr, und er zögert nicht, es zu gebrauchen. In einem Gefecht hat er zwei feindliche Soldaten aus kurzer Distanz erschossen. Als er gefragt wurde, was er beim Töten empfunden habe, antwortete er: „Ich war glücklich, weil ich sie getötet hatte." Sein Offizier sagt, Kinder seien bessere Soldaten, „weil sie keine Angst haben".

Kinderarbeit Der 4jährige Woodcaby lebt auf einer karibischen Insel in einer Hütte aus Schlackensteinen.

Er steht morgens um 6 Uhr auf und geht seinen täglichen Haushaltsarbeiten nach: Er kocht, holt Wasser und putzt das Haus seines Herrn. Dafür erhält er keinen Lohn, und wahrscheinlich wird er auch nie eine Schule besuchen. Woodcaby sagt, er vermisse seine Eltern, aber er wisse nicht, wo sie seien. Sein Tag geht um 21.30 Uhr zu Ende, und wenn er Glück hat, braucht er nicht hungrig einzuschlafen.

Hungernde Kinder

In dem afrikanischen Dorf Comosawha sucht ein 11jähriges Mädchen jeden Tag angestrengt nach einem bestimmten Unkraut. Die Knollen des Unkrauts — praktisch das einzige, was in dem ausgetrockneten Boden wächst — halten sie und ihre Angehörigen am Leben. Die Knollen werden entweder gekocht oder zerstampft und dann geröstet. Das tödliche Zusammenspiel von Dürre und Bürgerkrieg hat die Dorfbewohner an den Rand des Hungertodes gebracht.

Straßenkinder

Edison ist nur eins von vielen tausend Straßenkindern in einer großen Stadt in Südamerika. Er verdient sich ein wenig Geld mit Schuhe putzen; zum Schlafen legt er sich auf den Bürgersteig in der Nähe eines Busbahnhofs zusammen mit anderen Kindern, die in kalten Nächten eng zusammenrücken. Ab und zu bessert er seinen Verdienst als Schuhputzer durch Bagatelldiebstähle auf. Schon zweimal wurde er von Polizisten zusammengeschlagen, und drei Monate war er im Gefängnis. Edison beteuert, er habe „fast ganz" mit dem Drogenkonsum und dem Schnüffeln von Klebstoff aufgehört. Er träumt davon, einen Beruf zu erlernen, am liebsten möchte er Mechaniker werden.

Tod von Kindern

Es ist nasskalt an diesem Morgen auf dem Berg Dugen im Nahen Osten. Ein in ein Leichentuch gewickelter Säugling wird in ein flaches Grab gelegt. Der Kleine starb an Diarrhö, einer häufigen Ursache für den Tod von Säuglingen. Die Mutter ist ein Flüchtling, und während der strapaziösen Flucht ist ihr die Milch weggeblieben. Vor lauter Verzweiflung hatte sie ihren Sohn mit Zucker und Wasser gefüttert, doch weil das Wasser verseucht war, starb er. Wie 25 000 andere Kinder, die am gleichen Tag begraben werden, hat er nicht einmal sein erstes Lebensjahr vollenden können.

Diese tragischen Schilderungen verdeutlichen, wie das Leben für viele Kinder — für Tausende von Kindern — auf der Welt aussieht. Die Kindheit, eine Zeit, in der ein Kind im Schutz einer liebevollen Familie lernen und Erfahrungen sammeln sollte, ist für diese Kinder zu einem Alptraum geworden, aus dem viele nie erwachen werden.

Peter Adamson, Herausgeber des Berichts *The State of the World's Children,* erklärte 1990:

„Tod und Leid in diesem Ausmaß braucht es einfach nicht länger zu geben; deswegen sind sie auch nicht länger tragbar. Wenn der Mensch die Möglichkeiten hat, Abhilfe zu schaffen, dann ist er auch moralisch dazu verpflichtet."

Es sind Kinder...

„Der Schutz der körperlichen, geistigen und seelischen Entwicklung aller Kinder bildet die Grundlage einer besseren Zukunft . . . Solange diese Investitionen ausbleiben, werden sich die langfristigen Probleme der Menschheit in Zukunft nicht lösen lassen" (Kinderhilfswerk der Vereinten Nationen).

ÜBERALL auf der Welt sind Kinder in Not.

Überzeugende Beweise für das Ausmaß der Tragik wurden auf dem „Weltkongress gegen die sexuelle Ausbeutung von Kindern" vorgelegt, der 1996 in Stockholm (Schweden) stattfand und auf dem 130 Länder vertreten waren.

So dokumentierte man, dass weltweit Millionen von Mädchen, zum Teil erst 10jährig, zur Prostitution gezwungen werden.

Der in Australien erscheinende *Melbourne University Law Review* merkte an, jemand habe diese Zwangsprostitution als „eine der schlimmsten Formen heutiger Sklaverei" bezeichnet.

Nach Jahren körperlicher, mentaler und emotioneller Misshandlung sind die Mädchen ihr Leben lang gezeichnet.

Meistens erdulden sie die Brutalität allein deshalb, weil sie essen wollen, um überleben zu können.

Die Alternative ist der Hungertod.

Trauriger weise wurden viele dieser verlassenen Kinder von ihren eigenen bettelarmen Eltern verkauft und damit in die Prostitution getrieben.

Dieser offensichtlichen Tragik schließt sich die oft heiß debattierte Problematik der Kinderarbeit an.

In Asien und Südamerika beispielsweise, aber auch in einigen Wanderarbeiterregionen der Vereinigten Staaten, werden schon 5jährige zu einer Art — man kann es ruhig so nennen — „Sklavenarbeit" gezwungen. Sie schuften wie kleine Roboter unter entsetzlichen Bedingungen, die ihren zarten Körper und ihren Verstand zugrunde richten.

Die meisten haben keine Schulbildung, wissen nicht, was es heißt, von den Eltern geliebt zu werden, kennen kein Zuhause, keine Spielsachen und keine Spielplätze.

Viele werden von ihren Eltern kaltblütig ausgebeutet.

Gesteigert wird die Tragik noch durch den zunehmenden Einsatz von Kindersoldaten in Guerillatruppen.

Es kommt vor, dass Kinder entführt oder auf „Sklavenmärkten" gekauft und dann systematisch brutalisiert werden, etwa indem sie Morde mit ansehen müssen.

Einigen hat man sogar befohlen, ihre eigenen Eltern umzubringen oder Drogen zu nehmen, damit der Killerinstinkt verstärkt wird.

Ein Beispiel soll zeigen, wie sich die Gehirnwäsche auswirkt, die an Tausenden von Kindersoldaten in Afrika vorgenommen wurde. Das folgende schockierende Gespräch führte ein Sozialarbeiter mit einem Jungen, der sich anscheinend einen letzten Rest Unschuld bewahren wollte:

„Hast du getötet?" „Nein."

„Hattest du eine Waffe?" „Ja."

„Hast du mit der Waffe gezielt?" „Ja."

„Hast du sie abgefeuert?" „Ja."

„Was ist passiert?" „Sie sind einfach umgefallen."

Manche dieser jungen Menschen sind fast noch kleine Kinder, wenn man bedenkt, dass es bereits 6jährige Soldaten gibt. Wie verlautet, zählten die Kindersoldaten schon 1988 weltweit um die 200 000.

Zwischen 1988 und 1992 sollen in einem asiatischen Waisenhaus 550 Kinder, zumeist Mädchen, dem Hungertod ausgeliefert worden sein. Eine Ärztin berichtete:

„Die Waisenkinder bekamen keine Schmerzmittel. Als sie bereits im Sterben lagen, waren sie noch immer an ihr Bett gefesselt.“

Was ist von Europa zu sagen?

Dort wurde ein Land durch die Entdeckung eines internationalen Kinderpornorings, der Mädchen gewaltsam entführte, um sie sexuell auszubeuten, bis ins Mark erschüttert. Einige der unglücklichen Mädchen verhungerten oder wurden ermordet.

Wie diese Berichte eindeutig erkennen lassen, ist die Misshandlung und Ausbeutung von Kindern in vielen Ländern ein echtes Problem.

Warum mit Kindern ?

Früher, als die Soldaten noch mit Schwertern und Speeren kämpften, hatte ein Kind gegen einen Erwachsenen kaum eine Chance. Inzwischen leben wir jedoch in einer Ära der leichten Waffen.

Heutzutage kann ein Kind, das mit einem Sturmgewehr ausgerüstet ist,

zum Beispiel mit einem sowjetischen Gewehr des Typs AK-47 oder einem amerikanischen des Typs M-16, es mit jedem Erwachsenen aufnehmen.

Diese Waffen sind nicht nur leicht, sondern auch einfach zu handhaben und zu warten.

Eine AK-47 kann von einem 10jährigen Kind auseinandergenommen und wieder zusammengebaut werden. Außerdem sind diese Gewehre in Unmengen erhältlich.

Rund 55 Millionen AK-47 sind verkauft worden. In einem afrikanischen Land sind sie schon für 6 US-Dollar

zu haben. Auch die M-16 ist überall erhältlich und preisgünstig zu erwerben.

Kinder werden allerdings nicht nur deshalb als Soldaten geschätzt, weil sie mit Sturmgewehren umgehen können. Sie verlangen auch keinen Sold und laufen im seltensten Fall davon.

Außerdem haben Kinder den starken Wunsch, Älteren zu gefallen. Ihr Empfinden für Recht und Unrecht wird von dem Wunsch überlagert, von einer Befreiungsbewegung oder einer Guerillatruppe, die ihre „Familie" geworden ist, akzeptiert zu werden.

Viele Kinder kennen auch keine Angst. So erklärte ein Beobachter des Militärs in Westafrika:

„Da . . . [Kinder] wohl einen anderen Begriff vom Tod haben wie ältere Soldaten, ergeben sie sich in aussichtslosen Situationen nicht so schnell."

Ein liberianischer Junge, der den Beinamen Killermaschine trug, prahlte:

„Als die Erwachsenen das Weite suchten, blieben wir Jungs und kämpften weiter."

Obwohl Jungen gute Soldaten sind, werden sie paradoxerweise in der Regel für entbehrlich gehalten. Während eines Krieges im

Nahen Osten erhielten beispielsweise ganze Einheiten von Kindersoldaten den Befehl, als erste über die Minenfelder zu gehen.

Einige Kinder schließen sich der Armee oder einer Rebellenbewegung aus Abenteuerlust an. Andere tun es, weil ihnen eine Militäreinheit ein Gefühl der Sicherheit vermittelt und für sie zur Ersatzfamilie wird, wenn Gefahr droht oder die Familie auseinandergerissen wird. Das Kinderhilfswerk der Vereinten Nationen erklärte:

„Für Kinder, die in einem gewalttätigen Umfeld aufwachsen, wird Gewalt etwas Alltägliches. Allein gelassen, verwaist, verängstigt, gelangweilt und frustriert entscheiden sie sich schließlich oft dazu, selbst mitzukämpfen."

Andere Kinder gehen zur Armee, weil es anscheinend keine bessere Alternative gibt.

Wenn Nahrungsmittel knapp sind und Gefahr droht, scheint die Armee die einzige Überlebenschance zu bieten.

Manche Kinder sehen sich auch als Kämpfer für soziale Gerechtigkeit, für ihren Glauben oder für ihre kulturelle Identität.

In Peru werden Kinder, die von Guerillas zwangsrekrutiert werden, über lange Zeit hinweg politisch indoktriniert. Oftmals ist das jedoch gar nicht nötig.

Brian Milne, ein Sozialanthropologe, der Studien über Kindersoldaten in Südostasien betrieb, sagte:

„Kinder haben keine eigene Weltanschauung oder Ideologie. Sie werden lediglich von der einen oder der anderen Seite bearbeitet und dann eingesetzt."

Außerdem werden Kinder zwangsrekrutiert. In etlichen afrikanischen Kriegen haben Rebellen Dörfer überfallen und sich Kinder geholt, die sie dann gezwungen haben, die Folterung und Hinrichtung ihrer eigenen Familienangehörigen mit anzusehen oder sich daran zu beteiligen.

Manchmal haben sie sie auch dazu gezwungen, ihre Eltern zu erschießen oder ihnen die Kehle durchzuschneiden.

Die auf diese Weise terrorisierten Jungen sind daraufhin bereit, andere zu terrorisieren.

Oftmals begehen diese brutalisierten Kinder Greueltaten, vor denen sogar altgediente erwachsene Soldaten zurückschrecken würden.

Für solche Kinder ist es nicht leicht, sich wieder an ein Leben ohne Gewalt zu gewöhnen.

Der Leiter eines Kinderzentrums in einem westafrikanischen Land sagte: „Die Kinder, mit denen wir zu tun haben, sind allesamt mehr oder weniger traumatisiert. Sie haben vergewaltigt, getötet und gefoltert.

Die meisten wurden mit Alkohol oder Drogen vollgepumpt, zumeist mit Marihuana, aber bisweilen auch mit Heroin. . . . Man kann sich vorstellen, was für eine verheerende Wirkung das auf das Gemüt der Kinder hat, von denen manche erst acht oder neun sind."

In Liberia ist die Situation nicht anders; dort haben Zehntausende von Kindern ihre Kindheit damit verbracht, die ländlichen Gegenden zu terrorisieren.

Es fällt jugendlichen Majoren und Generälen nicht leicht, auf das Prestige und die Macht zu verzichten, die ihnen eine AK-47 verleiht.

Ein Einwohner Somalias erklärte:

„Hat man eine Waffe, bedeutet das Überleben. Keine Waffe, kein Überleben."

Kindersoldaten können oftmals nicht nach Hause zurück, weil sie von ihren Familienangehörigen abgelehnt werden oder von ihnen Vergeltungsmaßnahmen zu erwarten haben.

Ein Berater für Kinder in Liberia erzählte: „Die Mütter sagen zu uns:

‚Behalten Sie ihn. Wir wollen das Monster nicht bei uns haben.' "

Etliche Kinder haben es geschafft, wieder ein friedliches Leben zu führen, doch das hat viel Liebe, Unterstützung und Verständnis seitens ihrer Umgebung erfordert.

Weder für die Familie noch für die Kinder ist es einfach.

Ein Sozialarbeiter in Mosambik erklärte:

„Vergleichen wir einmal die Zeit, in der sie sich nehmen konnten, was sie wollten, und anderen befehlen konnten, was diese tun sollten, mit dem Leben, das sie wieder in ihrem Heimatdorf erwartet — insbesondere wenn sie 17 Jahre alt sind und nicht lesen können oder nichts gelernt haben. Sie sind zu einem Leben der Langeweile verurteilt. Es ist ziemlich hart für sie, sich von anderen wieder sagen zu lassen, was sie zu tun haben, und erneut in die erste Klasse gehen zu müssen."

Ein Gefangener in Westafrika sollte bald freigelassen werden; er trug jedoch Handschellen, und der Truppenführer hatte den Schlüssel verloren. Der Truppenführer löste das Problem, indem er einem seiner Soldaten, einem Jungen, befahl, die Hände des Gefangenen abzuhacken. „Noch heute höre ich in meinen Träumen die Schreie des Mannes", sagt der Junge. „Jedesmal, wenn ich an ihn denke, bedauere ich, es getan zu haben."

„Seitdem totale Kriege geführt werden, werden Kinder bei den kriegerischen Auseinandersetzungen der Erwachsenen um sie herum zunehmend zu Opfern: Bomben und Raketen töten jeden, ohne Rücksicht auf das Alter zu nehmen", wurde in der Zeitschrift *The Economist* erklärt. „Durch Bürgerkriege — heutzutage die häufigsten Kriege — werden oftmals ganze Länder zerstört. Mancherorts müssen Hilfsorganisationen der Demobilisierung von Kindersoldaten jetzt genau soviel Aufmerksamkeit schenken wie der Versorgung mit Grundnahrungsmitteln. Die Hilfsorganisationen können damit rechnen, dass sich überall, wo sie agieren, Kinder unter den Flüchtlingen, den Verletzten und den Toten befinden." Obwohl jeder behauptet, Kinder gern zu haben, sind es Kinder, die mehr als je zuvor leiden. Nach Schätzungen von Hilfsorganisationen sind im letzten Jahr 24 Millionen Kinder und Jugendliche unter 18 Jahren durch Kriege vertrieben worden, und etwa 2 Millionen Kinder kamen in den letzten 10 Jahren durch Kriege um. Hinzu kommen die 4 bis 5 Millionen Kinder, die Behinderungen davongetragen haben.

„Über die Auswirkungen auf die Psyche kann man nur Vermutungen anstellen", so der *Economist*.

Persönliche Anmerkung vom Autor:

Einfluss des Fernsehens auf Kinder

„Cartoons und Videospiele beeinflussen das Verhalten der 6- bis 12jährigen mehr als die Schule, denn sie verbringen bis zu 38 Stunden in der Woche vor dem Fernseher gegenüber 23 Stunden im Klassenraum" war in der mexikanischen Zeitung El Universal zu lesen. Wie der Forscher Omar Torreblanca ausführte, lernt ein Kind durch das Fernsehen, in bestimmten Situationen ein Verhalten nachzuahmen — allerdings ohne sich darüber im klaren zu sein, ob ein solches Verhalten gut oder schlecht ist. Er erklärte: „Sieht das Kind einen Cartoon oder einen Film, in dem einer der Darsteller gefesselt wird, und das mit guten Ergebnissen, wird das Kind das höchstwahrscheinlich auch ausprobieren." Torreblancas Untersuchungen ergaben, dass „Kinder in ihrem Alltag nicht das umsetzen, was ihnen in der Schule beigebracht wird, weil die Schule für sie reine Pflichterfüllung ist, sondern das, was ihnen jeden Tag im Fernsehen gezeigt wird".

Kinder durch Musik fördern

Drei- bis vierjährigen Kindern das Musizieren beizubringen könne ihre Denkfähigkeit verbessern, erklärt Gordon Shaw, Professor für Physik an der Universität von Kalifornien (Irvine). Im frühen Lebensalter würden sich im Gehirn leicht Verknüpfungen bilden und Forscher hätten nachgewiesen, dass regelmäßiges Üben, selbst nur 10 Minuten täglich, mithelfe, „das Denkvermögen von Kindern langfristig zu verbessern". In einer 9monatigen Untersuchung verglich man Kinder, die Klavierunterricht hatten, mit Kindern, die entweder am Computer lernten oder keinerlei Unterricht erhielten. Bei den Kindern, die Klavierspielen lernten, lag die Punktzahl bei einem erneuten Intelligenztest um 35 Prozent höher, bei den beiden anderen Gruppen zeigte sich keine oder nur eine geringe Verbesserung.

✳

Du selbst warst einmal

ein Kind –

ein Geschenk deiner Eltern.

Betrachte auch du

andere Kinder,

als ein Geschenk ihrer Eltern.

Wer Kinder missbraucht,

zerstört ein

Leben von hohem Wert.

Werner Novak